D1696981

Table des matières

Introduction

Nous aimons nos animaux de compagnie et voulons en prendre soin, néanmoins, de nombreux propriétaires de lapins font encore des erreurs en nourrissant leurs petites bêtes. Bien sûr, ils ne font pas ces erreurs intentionnellement - très peu de gens feraient délibérément du mal à leurs animaux. Elles sont faites par inconscience, car même si vous faites un effort et que vous vous informez, vous tombez toujours sur beaucoup de fausses informations, qui sont diffusées dans les animaleries, sur Internet et même dans les guides !

Le personnel de l'animalerie, en particulier, est généralement digne de confiance, car c'est son métier et il doit savoir s'y retrouver. Malheureusement, ce n'est généralement pas le cas, car les animaleries veulent vendre leurs aliments secs industriels et ne pourraient pas faire de profit avec une alimentation adaptée à l'espèce. C'est pourquoi les clients sont également incités à acheter les mignons petits lapins ou chiots en vente - et non par amour pour les animaux. Une fois que le lapin ou le chiot est vendu, l'animalerie s'approvisionne immédiatement. Malheureusement, dans la plupart des cas, ces fournitures proviennent d'éleveurs douteux qui traitent les animaux comme des marchandises et les gardent généralement dans des conditions inadéquates.

Ne vous blâmez pas si vous avez également donné à vos animaux des aliments (partiellement) étrangers à leur espèce. Il existe tout simplement trop de sources douteuses. Je suis propriétaire d'animaux de compagnie depuis près de trente ans et j'ai malheureusement commis plusieurs erreurs au fil des ans parce que j'ai simplement été mal informé. J'ai suivi les guides de l'époque, qui recommandaient également de garder les animaux dans de petites cages. On ne parlait guère non plus du fait que les lapins sauvages vivent en colonies et ont besoin d'au moins un ami animal de la même espèce. Malheureusement, il en a été ainsi pendant des décennies - heureusement, nous en savons plus aujourd'hui !

Mais avant de commencer : Les évaluations de produits sont la base du succès des auteurs indépendants. C'est pourquoi je vous serais très reconnaissant de me faire part de vos commentaires sur ce guide sous la forme d'une évaluation. Dans votre critique, veuillez me faire savoir comment vous avez aimé le livre. Si vous n'avez pas le temps, vous pouvez aussi vous contenter de décerner des étoiles sans fournir de critique écrite. Quelques mots suffiraient, bien sûr. Mais peu importe qu'il soit court ou long : Avec votre opinion ou votre classement par étoiles, vous aidez à la fois les futurs lecteurs et moi en tant qu'écrivain ! Je vous remercie.

Et maintenant, commençons !

La physiologie des lapins

Nous savons tous avec certitude que les lapins ne sont pas carnivores ou omnivores. Les lapins sont de purs herbivores, tout comme environ 90% de tous les mammifères. Cependant, les lapins appartiennent à un type d'herbivore très particulier : Ils sont folivores ! Cela signifie qu'ils sont principalement des mangeurs de feuilles.

Les dents des lapins sont conçues pour broyer et écraser la nourriture végétale. Les lapins peuvent déplacer leur mâchoire latéralement et broyer ainsi leur nourriture avant de l'avaler. Il en va de même pour les humains. C'est là que réside une grande différence avec le carnivore (lion, chat, etc.), car le carnivore possède des crocs et des molaires pointues, avec lesquels il découpe ses proies et les avale en gros morceaux, presque sans les mâcher.

C'est une autre raison pour laquelle il est essentiel que les lapins soient bien occupés à mâcher leur nourriture. Quiconque a déjà mangé de l'herbe sait à quel point elle est riche en fibres brutes, car il faut mâcher de l'herbe pendant (ce que l'on ressent) un temps infini pour finalement l'avaler. Une mastication aussi longue, perpétuelle et intensive est très importante pour la préservation des molaires du lapin. Sinon, tôt ou tard, de graves problèmes dentaires peuvent survenir parce que les dents des lapins poussent continuellement. Grâce à une mastication intensive, les molaires supérieures et inférieures se broient mutuellement. Si les dents deviennent trop longues, les lapins peuvent être extrêmement gênés dans leur alimentation et le vétérinaire peut même devoir limer les dents.

Si vous avez déjà des lapins et que vous n'êtes pas sur le point de les acheter pour la première fois, vous avez probablement déjà remarqué à quelle fréquence les lapins mangent. C'est une autre raison pour laquelle il est si important de ne pas humaniser les lapins. Les humains et les lapins diffèrent énormément à cet égard !

Les gens mangent en moyenne deux à quatre fois par jour. Les gens peuvent même se passer d'aliments solides pendant des semaines et sortir de leur jeûne en pleine santé (ou en meilleure santé !).

Les lapins, en revanche, se nourrissent jusqu'à 80 (!) fois par jour. Ce n'est pas un signe de gloutonnerie, mais c'est tout à fait normal. Ils défèquent aussi très souvent pendant la journée et excrètent petit à petit les "déchets" de leur corps.

D'ailleurs, il en va de même pour leurs habitudes de sommeil : alors que la plupart des humains ne dorment qu'une fois par jour et ont une longue période de sommeil (généralement six à huit heures), les lapins n'ont pas de phases de sommeil aussi longues. Ils font la sieste plus souvent que les humains, mais aussi beaucoup plus brièvement. Les phases sommeil-manger se produisent simplement beaucoup plus souvent chez les lapins que chez les humains.

Une autre particularité est que les lapins produisent ce qu'on appelle les "crottes de cæcum". Comme chez l'homme, la nourriture du lapin passe de la bouche à l'estomac, puis à l'intestin grêle. Mais le lapin a une autre station : l'appendice du cæcum. C'est là que les vitamines et les nutriments sont traités. Les lapins mangent souvent des crottes de cæcum - c'est normal et sain. Vous ne devez-vous inquiéter que si un lapin mange une quantité importante d'excréments. Cela peut être le signe que le lapin ne tire pas suffisamment de nutriments de sa nourriture et qu'il doit les "obtenir" ailleurs. Ou bien le lapin peut avoir un besoin accru en nutriments à cause d'une maladie !

D'ailleurs, si vous donnez à vos lapins un régime alimentaire adapté à l'espèce, vous n'avez pas à vous inquiéter qu'ils prennent du poids et deviennent gras - même s'ils mangent des légumes verts sans restriction. Les animaux qui sont nourris correctement ne deviennent pas obèses. Seuls les humains deviennent gros, car certaines personnes se mettent malheureusement de plus en plus de "déchets" dans le corps, et leurs habitudes alimentaires frôlent souvent la gloutonnerie. Les seuls animaux qui sont ou deviennent en surpoids sont les animaux domestiques - et cela est uniquement dû aux méthodes d'alimentation inadéquates des propriétaires d'animaux domestiques. Il n'y a donc pas d'animaux gras dans la nature, car les animaux sauvages se nourrissent instinctivement d'une manière adaptée à leur espèce et consomment ce dont ils ont besoin.

S'approvisionner en aliments adaptés aux espèces

Il n'est pas nécessaire que les soins aux lapins soit coûteux. En fait, les soins aux lapins peuvent être extrêmement peu coûteux si les animaux sont nourris correctement. Bien sûr, il peut toujours arriver qu'un animal tombe malade et doive être soigné par un vétérinaire. Un tel traitement peut être très coûteux, selon la maladie, et dans le pire des cas, l'animal peut même avoir besoin d'une opération - vous devriez donc toujours avoir économisé assez d'argent pour être préparé à de tels cas ! Mais à part cela, des lapins (ou de la plupart des petits animaux en général) sont très peu coûteux si vous vous procurez la nourriture pour animaux principalement dans la nature. La nature nous fournit tout ce dont nos animaux ont besoin pour être pleinement nourris.

Bien sûr, il est important de savoir dans quelle région vous vivez. Certaines personnes ont la chance d'avoir leur propre jardin avec beaucoup d'herbe et de nombreuses herbes sauvages. D'autres vivent près d'une forêt, où vous pouvez également trouver de nombreuses sortes d'arbres, d'herbes et d'herbes sauvages. Mais tout le monde n'a pas cette chance. Ce n'est pas parce que vous n'avez pas beaucoup de nature autour de vous que vous ne pouvez pas avoir des lapins. Vous n'êtes pas obligé d'offrir toutes les espèces de plantes à vos animaux domestiques si la possibilité n'existe tout simplement pas.

Cependant, il y a souvent plus de possibilités que vous ne le pensez au début. Réfléchissez aux endroits où vous pourriez trouver des arbres, des herbes et des plantes sauvages appropriés dans votre région - ou renseignez-vous. Il est également conseillé de contacter votre commune en premier lieu et de lui demander si vous êtes autorisé à collecter des plantes pour vos lapins dans la région.

Comme la nourriture des lapins se compose généralement de plantes qui poussent en masse dans la nature, cela ne pose généralement pas de problème. L'herbe, les pissenlits, les marguerites, le plantain, le trèfle, etc. sont généralement abondants. Bien sûr, nous laissons de côté les plantes ornementales, qui sont plantées par la ville dans les parcs et les forêts.

Les forêts offrent les meilleures possibilités de cueillette de nourriture, car on y trouve généralement toutes sortes d'arbres et de grandes prairies. Sinon, vous pouvez demander à vos amis et parents qui ont un jardin si vous pouvez cueillir de la nourriture pour lapins dans leur jardin. Je suis sûr qu'ils seront heureux de vous aider. Les agriculteurs des environs sont également souvent heureux de vous aider - mais vous ne devez pas toucher à leurs champs de foin, car ils les utilisent pour fabriquer du foin qu'ils utilisent pour leurs propres animaux ou qu'ils vendent. Vous pouvez également venir chercher votre foin au bord de la route si celle-ci n'est pas trop fréquentée. Cependant, vous devez bien laver cette nourriture à cause des gaz d'échappement. Vous pouvez également collecter de la nourriture pour vos lapins dans les parcs, au bord des lacs, des étangs et le long des chemins de campagne - si cela n'est pas interdit.

Beaucoup de nourriture pour les lapins pousse à l'étang ou au lac.

Dans le parc, vous pouvez également collecter de la nourriture si cela est autorisé.

Si vous souhaitez collecter de la nourriture auprès d'amis, de la famille ou d'agriculteurs, veuillez-vous assurer qu'aucun poison (comme la mort-aux-rats ou autre) n'y est utilisé.

Une fois que vous avez collecté la nourriture, il est généralement inutile de la laver avant de la donner. Dans la nature, les lapins mangent les plantes non lavées, ce qui ne pose généralement pas de problème. En outre, les lapins ont un bien meilleur organe olfactif que les humains, par exemple, de sorte que la nourriture sale reste généralement sur place. Même si, par exemple, un chien a uriné sur les plantes, les lapins ne les mangent généralement pas parce qu'elles ne sont pas comestibles. C'est une autre raison pour laquelle il est si important que les lapins aient toujours plus qu'assez de nourriture à leur disposition. Ils doivent avoir la possibilité de choisir et de sélectionner les meilleures parties de la nourriture. Par conséquent, les animaux ne doivent pas être obligés de tout manger avant que vous ne leur en donniez plus.

Le long des chemins de campagne, on trouve généralement aussi du bon fourrage vert.

Foin

Il est essentiel que vos lapins aient toujours accès au foin. Le foin est principalement composé d'herbes séchées. Celui-ci est très souvent enrichi d'herbes séchées. Comme le foin a une teneur très élevée en fibres brutes, il doit être mastiqué très bien et soigneusement, mais ne fournit pas trop de calories.

Dans des conditions idéales, les lapins se nourriraient exclusivement de feuilles, d'herbes, de plantes aromatiques et autres. Toutefois, cela n'est pas toujours possible et tous les pays du monde n'offrent pas les conditions idéales. En particulier dans les régions nordiques, il est souvent difficile de fournir aux lapins des aliments frais provenant de la nature tout au long de l'année. C'est pourquoi le foin peut être un bon substitut.

Le sujet de "l'abrasion des dents" est souvent discuté - et à juste titre, car c'est l'une des questions les plus importantes lorsqu'il s'agit d'élever les lapins de manière appropriée à l'espèce. Tout d'abord, vous devez savoir que le petit corps d'un lapin fonctionne très différemment du corps humain, par exemple. Alors que les humains perdent leurs premières dents et gardent les secondes pour la vie, les dents des lapins poussent continuellement. Les dents humaines conservent une certaine longueur et si une dent se casse ou est perdue, elle ne repousse pas. C'est différent pour les lapins. Pour éviter que les dents des lapins ne deviennent trop longues, elles doivent constamment se frotter les unes contre les autres.

Malheureusement, c'est un mythe que la nourriture dure est nécessaire pour user les dents. C'est pourquoi de nombreuses personnes donnent du pain dur, des gressins, etc. à leurs lapins. Cependant, ce n'est pas optimal et probablement même nuisible, car ces aliments se ramollissent rapidement en combinaison avec la salive, et ils rassasient pendant très longtemps. Le lapin mange donc moins, et les dents ne se frottent pas les unes contre les autres. Les dents ne frottent pas en premier lieu sur la nourriture elle-même, mais sur les dents opposées - l'abrasion des dents est donc favorisée par la consommation d'une grande quantité d'aliments riches en fibres brutes, qui ne rassasient pas trop longtemps. Il s'agit de feuilles, d'herbes et de graminées.

Si les dents deviennent trop longues, cela peut être très gênant pour manger. Dans le pire des cas, le vétérinaire devra limer les dents et de graves problèmes digestifs peuvent survenir.

Lorsque les lapins se procurent de la nourriture fraîche dans les prairies et les arbres, ils ne font souvent pas très attention à leur foin. S'il y a un choix entre la nourriture fraîche et le foin sec, la plupart des animaux choisissent la nourriture fraîche. C'est tout à fait normal. Néanmoins, le foin devrait toujours être proposé comme complément et alternative. Il en va de même pour l'eau fraîche : même si les lapins couvrent leurs besoins en eau en mangeant de la nourriture fraîche, il faut toujours leur proposer de l'eau supplémentaire.

Les lapins sont de vrais gourmets et choisissent généralement les meilleures parties de la nourriture. Il n'est donc pas rare que les lapins ne mangent pas tout le foin offert, mais qu'ils en laissent un reste.

Ils choisissent les meilleures pailles de foin et sont donc tributaires du foin frais qu'on leur donne chaque jour. Il ne faut donc pas attendre que tout le foin ait été mangé pour que les lapins aient un reliquat de foin.

Bien qu'il existe plus de deux cents sortes d'herbes, seules quelques-unes d'entre elles sont utilisées pour produire du foin. Souvent, deux à douze types d'herbe différents sont utilisés pour la production de foin. On utilise couramment le dactyle, l'herbe des prés ou le ray-grass.

Veillez à toujours conserver le foin pour vos lapins dans un endroit sec. Le foin ne doit pas entrer en contact avec l'humidité et doit idéalement être conservé à l'obscurité. Un stockage parfait se fait dans une boîte en bois, une boîte en carton ou un sac en tissu. Les emballages en plastique ne conviennent pas au stockage, car le plastique est imperméable à l'air.

Herbe

Les lapins sont principalement des mangeurs de feuilles. Il y a une petite mais subtile différence avec certains autres petits animaux domestiques !

Un bon exemple est le cochon d'Inde. Le régime alimentaire des lapins et des cochons d'Inde est très similaire. Il en va de même pour la physiologie des deux espèces, car elles sont similaires à cet égard également. Les deux espèces mangent de l'herbe ainsi que des feuilles et des herbes sauvages, mais l'herbe est le principal aliment des cochons d'Inde, tandis que les plantes à feuilles sont le principal aliment des lapins. Les aliments sont donc fondamentalement les mêmes, mais la quantité de chaque aliment varie. Les lapins donnent généralement la priorité aux plantes feuillues, les cochons d'Inde aux herbes.

L'herbe devrait idéalement être cueillie à la main ou coupée avec des ciseaux de jardin. Vous ne devez pas nourrir l'herbe coupée avec une tondeuse à gazon, car elle commence immédiatement à fermenter. Si vous nourrissez de l'herbe ramassée ou coupée avec des cisailles, il n'y a généralement pas de problème à la nourrir le lendemain, car l'herbe fermente plus lentement.

L'herbe mouillée peut également être donnée sans problème, car les lapins se nourrissent aussi de nourriture imbibée de pluie dans la nature. Cependant, il convient de noter que l'herbe humide fermente généralement plus rapidement que l'herbe sèche. Par conséquent, vous devriez idéalement la transmettre à vos lapins immédiatement.

En particulier pendant les chauds mois d'été, l'herbe arrachée ou coupée ne dure pas trop longtemps. Vos lapins doivent donc la manger le jour même. Souvent, l'herbe est déjà à moitié sèche le lendemain et se recroqueville partiellement - dans ce cas, elle n'est plus un aliment sûr.

Herbes sauvages

Trouver des herbes sauvages peut être plus difficile que de trouver de l'herbe simple, mais c'est faisable dans la plupart des régions. Cela dépend de la région dans laquelle vous vivez. L'idéal est de disposer d'un grand choix d'herbes, afin que les lapins puissent choisir exactement ce dont ils ont besoin. Les lapins, comme beaucoup d'autres animaux, sont experts dans le choix de la nourriture dont leur petit corps a besoin à un moment donné.

Certaines plantes - comme les pissenlits, les marguerites et les orties - se trouvent presque partout. Mais d'autres plantes sauvages sont également faciles à identifier. Souvent, les gens ne font pas très attention aux plantes dont ils sont entourés tous les jours.

Examinons de plus près les plantes sauvages les plus courantes dans les pages suivantes !

<u>Pissenlits</u>

Les pissenlits sont extrêmement populaires auprès de la plupart des lapins, et à juste titre. Les feuilles des pissenlits sont particulièrement appréciées, mais la fleur et la tige peuvent également être nourries.

Les pissenlits sont très riches en provitamine A. De plus, la vitamine C est également abondante - environ 67 778 microgrammes par 100 grammes ! Bien que les lapins puissent également produire eux-mêmes de la vitamine C, les pissenlits sont une herbe extrêmement saine, et tant les lapins que les humains peuvent bénéficier de ses effets positifs.

La vitamine C est produite dans le foie du lapin et/ou absorbée en mangeant des "crottes de cæcum". L'excès de vitamine C est excrété par l'urine.

Les humains sont dépendants d'un apport externe de vitamine C par l'alimentation, car ils ne peuvent pas produire cette vitamine eux-mêmes. Cela vaut également pour le cochon d'Inde, qui est aussi un animal de compagnie très populaire.

Un mythe sur les pissenlits dit qu'il favorise les dépôts de calcium et entraîne des calculs urinaires et rénaux. On dit également qu'il favorise la formation de mucus dans la vessie. Le calcium du pissenlit serait responsable de cette situation. Mais ce n'est pas le cas si le lapin est nourri d'une manière adaptée à l'espèce !

Les maladies énumérées ci-dessus ne se produisent généralement pas lorsqu'un lapin est nourri principalement d'herbes, de feuilles, d'herbe et de légumes. En raison de l'apport élevé en liquide avec un tel régime alimentaire adapté à l'espèce, le petit corps du lapin est toujours bien "rincé" et excrete l'excès de calcium simplement par l'urine.

Par conséquent, il peut aussi arriver qu'un lapin émette une urine blanchâtre. Ce n'est pas une raison de s'inquiéter, car c'est simplement un signe que l'excès de calcium a été éliminé par les urines. Vous n'avez donc pas à vous inquiéter.

Cependant, un problème peut survenir si les lapins mangent trop de nourriture sèche. Les granulés et la nourriture sèche (à base de céréales) sont ici en cause. Cette nourriture est extrêmement étrangère à l'espèce et aucun lapin n'en a besoin. Dans la nature, les lapins se nourrissent d'aliments frais et ne consomment pas d'aliments secs, surtout pas d'aliments industriels. Avec un tel régime, il est tout à fait possible que le lapin n'absorbe pas assez d'eau et que le calcium s'accumule dans le corps. Il en va de même pour les pierres à lécher - le sel élimine l'eau supplémentaire du corps. De plus, un lapin absorbe tous les minéraux dont il a besoin grâce à une nourriture fraîche, si une bonne et grande sélection lui est fournie. Une administration supplémentaire de minéraux ou de vitamines n'est pas nécessaire avec un régime alimentaire adapté à l'espèce si le lapin n'a pas de maladie particulière.

En outre, les pissenlits peuvent avoir un effet diurétique et donc aider à bien "rincer" le corps.

Orties

L'ortie n'est probablement pas l'une des plantes les plus populaires, car tout le monde a probablement été en contact avec elle au moins une fois dans sa vie. Une fois que vous vous êtes "brûlé" sur elle, vous lui donnez probablement une large place. Soit dit en passant, les orties sont extrêmement saines ! Comme les pissenlits, les orties ont un effet diurétique et nettoient le sang.

Les orties fournissent des minéraux importants tels que le fer et le magnésium, mais aussi une forte dose de vitamine C (environ 333 000 microgrammes pour 100 grammes). Elles sont également une source précieuse de diverses vitamines B, de vitamine A et de vitamine E.

Orties

Les petits poils de l'ortie peuvent provoquer des douleurs et des squames sur la peau. Cependant, il existe une astuce simple pour rendre les orties "inoffensives" : si vous tirez la plante d'ortie dans votre main de bas en haut, les pointes des petits poils brûlants se détachent et la plante ne fait plus mal.

Par mesure de précaution, il est préférable de porter des gants. Il est également conseillé d'effectuer l'opération trois ou quatre fois pour s'assurer que toutes les pointes des poils ont été attrapées.

Cependant, même si vous vous blessez à la pointe des poils, ce n'est pas une raison pour vous inquiéter. Ce n'est pas dangereux, cela brûle juste un peu. Vous n'avez pas non plus à vous inquiéter pour vos lapins, car ils ne se blessent pas avec les orties. Ils peuvent même les manger sans se blesser - c'est un animal chanceux !

Les orties ne doivent pas toujours être nourries très fraîches, mais elles peuvent être un peu fanées. L'expérience montre que les orties fanées sont même préférées par certains lapins.

Marguerites

Les marguerites sont non seulement jolies, mais aussi très saines. Les petites fleurs contiennent de nombreuses substances amères et des flavonoïdes importants. Ces substances renforcent le système immunitaire de vos lapins et ont également un effet antioxydant. En outre, les marguerites sont également de bonnes sources de vitamine A, de vitamine C, de vitamine E, de fer, de potassium et de magnésium.

En outre, les marguerites ont un effet purificateur du sang et digestif. Elles stimulent également le métabolisme. Tous ces avantages font des marguerites un aliment idéal pour les lapins ! La plante entière peut être nourrie, en particulier la fleur.

Marguerites

Camomille

La plante de la camomille est probablement connue principalement grâce au thé de la camomille. Enfant, beaucoup d'entre nous recevaient de la tisane de camomille pour les maux d'estomac. La plante qui se trouve derrière est considérée comme une plante médicinale et a bon goût - non seulement pour les humains, mais aussi pour les lapins !

La camomille peut aider à soulager les problèmes digestifs et les maux d'estomac, et atténuer les désagréments. La plante pousse principalement entre mai et septembre et on la trouve surtout sur les terres en jachère ou dans les champs.

Grâce aux flavonoïdes contenus dans la fleur de camomille, la plante a également un effet antibactérien, anti-inflammatoire et antioxydant !

Camomille

Trèfle

La plupart des gens savent à quoi ressemble le trèfle depuis l'enfance. On dit que le trèfle à quatre feuilles porte chance et c'est pourquoi cette plante est très connue. C'est pourquoi le trèfle est très facile à reconnaître, même avec les trois feuilles habituelles !

Feuilles de trèfle

On peut nourrir toute la plante de trèfle, aussi bien les fleurs que les feuilles et les tiges. Selon mon expérience, le trèfle rouge est particulièrement populaire.

47

Le trèfle contient de nombreuses vitamines et minéraux précieux - de la vitamine C, la vitamine B1, la vitamine B3 au calcium, au magnésium, au potassium et aux flavonoïdes. C'est donc un aliment idéal pour les lapins !

Trèfle rouge à fleurs

Gaillet

Le gaillet est le terme générique désignant de nombreuses espèces spéciales de la même plante - les plus connues sont probablement le gaillet de bardane et le gaillet de prairie.

On trouve du gaillet dans le monde entier. La plante est considérée comme un remède naturel, car elle contient de précieux flavonoïdes et des huiles essentielles. Les flavonoïdes renforcent le système immunitaire de vos lapins. En outre, les ingrédients du gaillet aident à lutter contre les bactéries et les virus et la plante a un effet diurétique.

Plantain de Ribwort

Le plantain de Ribwort est également appelé antibiotique naturel. Il est communément appelé plante médicinale. La famille des plantains comprend près de deux cents espèces différentes et est relativement facile à trouver dans la plupart des régions !

Feuilles de plantain de ribwort

La plante entière peut être nourrie, mais les plus populaires sont généralement les feuilles. Mais vous pouvez aussi offrir la fleur et la tige à vos lapins.

Le plantain de Ribwort est riche en vitamine C, en diverses vitamines B, en zinc, en potassium et en acide silicique. La plante nettoie le sang, inhibe les inflammations et a un effet antibactérien. Cette plante est donc un aliment merveilleux pour vos animaux !

En outre, le plantain de ribwort a également un effet antibiotique et est donc souvent utilisé pour les maladies et les infections de la gorge/du pharynx/des poumons. Ceci est particulièrement important pour les petits animaux, car les rhumes peuvent très rapidement se transformer en pneumonie mortelle - de telles infections ne sont pas à négliger chez les lapins.

Fleur de plantain de Ribwort

Lierre terrestre

La plante lierre terrestre fournit des substances amères de haute qualité qui favorisent le métabolisme et la digestion des lapins. De plus, le lierre terrestre contient des huiles essentielles importantes, de l'acide silicique, du potassium et de la vitamine C. Le lierre terrestre contient également des agents tannants qui ont un effet anti-inflammatoire et antibactérien.

Le lierre terrestre aime le climat humide et on le trouve surtout dans les prés, les talus et les jardins. Il est préférable de le manger en mélange, mais il ne doit pas être donné en quantité excessive et doit toujours être proposé mélangé à de l'herbe et à d'autres plantes sauvages. Le lierre terrestre est un très bon complément, mais il ne constitue pas un aliment de base pour les lapins.

Lierre terrestre

Millepertuis

Le millepertuis est une merveilleuse plante médicinale et est également très souvent utilisé pour les humains. Il calme non seulement les nerfs et assure un esprit équilibré et détendu, mais il nettoie également le sang, aide contre les inflammations et peut même avoir un effet expectorant. C'est pourquoi le millepertuis peut également être utilisé contre les rhumes.

De plus, le millepertuis a un effet antibactérien et stimulant de l'appétit. Il peut aider en cas de cystite et de problèmes digestifs et possède des propriétés antispasmodiques et analgésiques. Toutes ces propriétés positives du millepertuis font de cette plante un aliment idéal pour favoriser une alimentation saine des lapins.

Il y a tellement de merveilleuses plantes sauvages qu'il n'est pas possible de les aborder toutes en détail. Je vais certainement écrire un guide distinct sur les herbes sauvages pour rendre justice à toutes les plantes. Néanmoins, vous aurez remarqué que la nature offre de nombreuses plantes à nos lapins et que nous pouvons nourrir nos petits lapins avec des plantes sauvages sans aucun problème.

Si vous n'êtes toujours pas sûr de vouloir récolter de la nourriture dans la nature et que vous ne vous sentez pas à l'aise pour identifier les plantes, vous pouvez utiliser une application d'identification des plantes.

D'après ma propre expérience, je peux vous recommander l'application "Plantnet" ! Il ne s'agit pas d'une publicité payante, mais de mon propre avis subjectif. L'application est utile et, dans la plupart des cas, fiable. Dans l'application, vous pouvez prendre des photos des plantes et ensuite vous verrez des suggestions sur la plante dont il s'agit. Dans la plupart des cas, elle fonctionne bien, mais parfois les résultats ne sont pas tout à fait clairs. En cas de doute, laissez la plante et demandez d'abord à un spécialiste. Bien entendu, vous pouvez aussi m'envoyer une photo de la plante et je serai heureux de vous aider ! Vous trouverez mon adresse électronique dans la notice légale à la fin de ce livre !

<u>Vous trouverez ci-dessous une liste d'autres herbes sauvages qui sont populaires auprès de la plupart des lapins :</u>

- *L'amarante*

- *Le quai*

- *Le plantain large*

- *Le plantain blanc*

- *Le plantain moyen*

- *Le cresson*

- *Le chardon*

- *La potentille*

- *Le millepertuis*

- *Le colza*

- *Le marigold*

- *L'oseille*

- *L'achillée millefeuille*

- *La célandine*

- *Le mouron des oiseaux*

- *Le thym*

- *La vesce d'oiseau*

Veuillez ne pas nourrir les plantes suivantes (plantes vénéneuses - liste non exhaustive !)

- *L'aloès*

- *L'arum*

- *Le lierre*

- *L'aconit*

- *La fougère*

- *Laburnum*

- *Le crocus d'automne (Mortel !)*

- *Les lis*

- *Les muguets (Mortel !)*

- *Le laurier-rose*

- *La belladone*

Arbres : branches et feuilles

Les feuilles et les branches des arbres peuvent compléter à merveille l'alimentation de l'herbe, des herbes sauvages et d'autres plantes à feuilles. La plupart des arbres à feuilles caduques indigènes conviennent à l'alimentation des lapins. En tout cas, il existe d'innombrables espèces d'arbres qui peuvent être nourris sans problème et qui sont extrêmement sains. Une liste non exhaustive se trouve à la fin de ce chapitre. Mais nous voulons d'abord examiner de plus près les quatre espèces d'arbres qui, selon mon expérience, sont particulièrement bonnes pour les lapins !

<u>Chêne</u>

Les ingrédients du chêne ont un effet digestif et aident bien à résoudre les problèmes digestifs, notamment la diarrhée. Comme cela est particulièrement important pour les lapins et doit toujours être bien observé, il est pratique que le chêne puisse stimuler le système digestif et équilibrer l'activité intestinale.

Chêne

Hêtre

Les feuilles de hêtre sont très appréciées des lapins. Le hêtre peut aider à lutter contre les reniflements et autres symptômes du froid tels que les températures élevées. C'est pourquoi il est souvent utilisé comme remède contre le rhume, mais c'est aussi généralement une nourriture merveilleuse qui peut être donnée quotidiennement.

Hêtre

Noisette

Les feuilles du noisetier sont très faciles à identifier en raison de leur forme particulière et de leur aspect très "doux". Elles ne sont pas aussi "dures" que les feuilles de la plupart des autres arbres. Vous aurez certainement remarqué qu'il existe des noisetiers rouges et verts - bien que le noisetier rouge soit, il est vrai, de couleur plus violette. Ces deux espèces sont idéales pour se nourrir. Les ingrédients du noisetier ont un effet particulièrement bénéfique sur le foie et la bile, mais le noisetier peut également avoir un effet curatif sur d'autres organes.

Noisette

Bouleau

Les bouleaux peuvent avoir un effet diurétique, tout comme les herbes sauvages telles que le pissenlit et l'ortie, comme décrit ci-dessus. Le bouleau peut également aider à lutter contre l'inflammation.

Bouleau

<u>Les feuilles et les branches d'autres arbres que vous pouvez donner à manger à vos lapins :</u>

- *Le pommier*

- *L'abricotier*

- *Le bambou*

- *Le poirier*

- *Le mûrier*

- *L'épicéa*

- *Le pin*

- *La cerisier*

- *Le tilleul*

- *La mirabelle*

- *Le pêcher*

- *Le prunier*

- *Le sapin*

- *Le saule*

- *Les prunes*

<u>En aucun cas, vous ne devez nourrir les espèces d'arbres suivantes (toxiques !) :</u>

- *Le buis*

- *L'if*

- *Lucky bambou (n'est pas un vrai bambou)*

- *Le sureau*

- *Le laurel*

- *Le magnolia*

- *L'arbre aux merveilles*

Laitue

Les légumes à feuilles sont un excellent aliment pour les lapins, et les laitues sont un très bon complément à l'alimentation en prairie. De nombreux types de laitues peuvent sans aucun doute être donnés aux lapins, et la laitue devrait constituer une part importante de leur alimentation si l'alimentation en prairie n'est pas possible - ou du moins pas toujours.

Cependant, toutes les laitues ne sont pas identiques. Les variétés présentent des avantages et des inconvénients très différents. En outre, toutes les variétés de laitues ne sont pas adaptées à l'alimentation, car certaines espèces ne fournissent pratiquement pas de nutriments. Cependant, il existe de nombreux types de laitues qui ont une grande valeur ajoutée pour vos lapins.

Les variétés de laitues amères sont de loin les plus adaptées. Les substances amères contenues dans ces laitues sont très saines pour les lapins - mais aussi pour les humains. Beaucoup de gens n'aiment pas trop le goût amer et c'est pourquoi il est souvent dissimulé par des vinaigrettes. Cependant, il semble que les lapins apprécient particulièrement les aliments amers ! Cela est également démontré par le fait que presque tous les lapins aiment les feuilles de pissenlit amères.

Même en hiver, il est généralement possible de nourrir les salades sans problème. C'est particulièrement pratique, car on sait qu'en hiver, il n'y a pas beaucoup de nourriture à l'extérieur dans la nature. Il est tout à fait possible que vous ayez des difficultés à trouver suffisamment de nourriture pour vos lapins dans la nature en hiver. Vous pouvez donc choisir parmi une variété de salades pendant la saison froide.

La salade d'endives est typique et fait une excellente salade d'hiver. D'autres laitues amères comme la radicchio, la frisée et la chicorée conviennent également très bien et sont très nutritives. D'après mon expérience, la radicchio est la plus populaire, mais cela peut bien sûr varier d'un lapin à l'autre. L'idéal est de toujours fournir à vos animaux une sélection d'aliments différents.

Les substances amères contenues dans les variétés de laitue mentionnées sont très importantes pour la digestion de vos lapins. Elles ont également un effet positif sur la fonction hépatique et sur la bile. En outre, les substances amères peuvent même atténuer la douleur et inhiber l'inflammation.

La roquette (bien que la roquette soit à proprement parler un chou), la lollo rosso, la mâche et la laitue romaine sont également des aliments excellents, sains et délicieux pour vos lapins !

En outre, la plupart des autres types de laitues ne conviennent pas pour nourrir les lapins, du moins il ne faut pas les nourrir trop souvent. Ce groupe comprend notamment la laitue iceberg et la laitue pommée/jardin. Malheureusement, ces laitues contiennent beaucoup de nitrates et une très faible teneur en minéraux.

Légumes verts gratuits au supermarché et au marché hebdomadaire

Si vous avez déjà jeté un coup d'œil au marché fermier hebdomadaire ou au supermarché, vous avez probablement remarqué que les gens laissent ou jettent généralement les parties feuillues des légumes qui peuvent servir de nourriture aux lapins !

Vous êtes probablement très peu nombreux à avoir déjà mangé des feuilles de carottes, de chou-rave ou de chou-fleur. En tout cas, c'est assez inhabituel. C'est exactement ce dont nous bénéficions en tant que propriétaires d'animaux domestiques, car beaucoup de gens laissent des feuilles de légumes derrière eux. Souvent, il existe même des boîtes dans lesquelles on peut mettre les légumes verts dont on n'a pas besoin - et les propriétaires d'animaux domestiques peuvent alors les emporter chez eux !

Heureusement, les légumes à feuilles sont un aliment idéal pour les lapins. Dans de nombreux supermarchés, vous pouvez rapporter gratuitement les restes de feuilles à la maison. De plus, les détaillants ne sont pas obligés de les éliminer - tout le monde y gagne !

Bien sûr, vous devez d'abord demander si vous pouvez emporter les feuilles avec vous, mais je n'ai pas encore constaté que cela posait un problème. En général, les supermarchés sont très reconnaissants de cette "méthode d'élimination". Cela réduit le gaspillage de nourriture et profite également à votre portefeuille.

Je peux notamment vous recommander les feuilles de légumes suivantes :

- *Les feuilles de chou-rave*

- *Les feuilles de carottes*

- *Les feuilles de chou-fleur*

- *Les feuilles des radis*

- *Les feuilles de céleri*

Choux

Il existe un mythe très répandu selon lequel le chou ne devrait pas être donné aux lapins parce qu'il gonfle. Et pourtant, il convient si bien à l'alimentation des lapins en hiver ! Si vous ne trouvez pas trop de plantes sauvages, d'herbe, etc. dans la nature en hiver, le régime de vos lapins peut être basé sur des salades amères et du chou !

Lorsqu'il est bien nourri, le chou ne provoque pas de gaz ou d'autres problèmes digestifs. De tels problèmes ne surviennent que si un lapin est mal nourri et a donc déjà un appareil digestif malade. Si un lapin reçoit des aliments secs (granulés ou aliments secs industriels (céréales)) en plus du chou, il est possible que cela ne soit pas compatible avec l'alimentation au chou. La nourriture sèche est complètement anormale et donc superflue. Si vos lapins reçoivent actuellement de la nourriture sèche, il est préférable d'arrêter lentement ce mode d'alimentation et d'attendre environ deux semaines avant de leur offrir du chou. Pendant ces deux semaines, le tube digestif a le temps de s'autoréguler et de retrouver son équilibre.

De plus, il faut nourrir le chou lentement au début. Cela s'applique à tout nouvel aliment de toute façon. Si les changements d'alimentation ont lieu trop rapidement, le système digestif n'aura pas le temps de s'habituer à la nouvelle nourriture. Les lapins sont beaucoup plus sensibles que les humains.

Par conséquent, vous devez laisser votre lapin manger seulement un peu de chou de votre main au début et augmenter la quantité chaque jour. Vous observerez chaque jour s'il y a des changements dans les excréments du lapin ou si le lapin réagit négativement à la nouvelle nourriture de toute autre manière.

Il est également essentiel que vos lapins fassent suffisamment d'exercice. Chez l'homme aussi, un exercice suffisant est très important pour une digestion intacte - il n'en va pas autrement chez le lapin. Il est donc important que vos lapins aient suffisamment d'espace pour courir et qu'ils ne s'ennuient pas.

Néanmoins, il faut dire que tous les choux ne sont pas les mêmes. Certains types de choux ont une proportion relativement élevée d'hydrates de carbone de poids moléculaire élevé. Et qu'est-ce que cela signifie ? Les hydrates de carbone à haut poids moléculaire peuvent en fait favoriser le dégazage s'ils sont consommés en quantité excessive ou si un lapin a un système digestif particulièrement sensible. Par conséquent, ces types de glucides ne doivent pas être proposés en quantités illimitées mais consommés avec modération. Il s'agit du chou de Savoie, du chou blanc, du chou rouge et des choux de Bruxelles.

Avec les autres types de choux, vous n'avez pas à vous soucier des quantités, mais vous pouvez laisser vos lapins manger autant qu'ils le souhaitent - une fois qu'ils sont habitués au type de chou. D'après mon expérience, le chou vert (un des aliments les plus sains au monde pour les humains et les lapins !) et le chou-rave sont particulièrement populaires. Cependant, les variétés de choux telles que le chou chinois, le brocoli, le chou-fleur et le pak choi sont également populaires.

Autres légumes

Il existe de nombreux autres légumes qui peuvent être un merveilleux complément au régime de votre lapin. Le nombre d'autres légumes que vous donnez à vos lapins dépend de la quantité d'herbe, d'herbes sauvages, de feuilles, de laitue et de choux que vous pouvez offrir à vos animaux - et de la fréquence à laquelle vous avez l'occasion de le faire. De nombreux propriétaires de lapins nourrissent leurs animaux presque toute l'année exclusivement avec des plantes trouvées dans la nature. C'est le régime alimentaire le plus adapté à l'espèce et qui se rapproche le plus du régime des lapins à l'état sauvage. Mais si et combien vous pouvez collecter dépend bien sûr de la région dans laquelle vous vivez et du temps dont vous disposez.

Peut-être trouverez-vous suffisamment d'herbe dans votre région et quelques herbes sauvages différentes - c'est une excellente base ! Si vous ne pouvez pas proposer un large choix, vous devriez ajouter des laitues, des choux et d'autres légumes pour que vos lapins puissent choisir parmi une grande variété. Cela aidera également vos lapins à choisir les aliments que leur corps demande et dont il a besoin.

Examinons donc de plus près certains des légumes les plus courants !

<u>Fenouil</u>

Le fenouil peut être d'un grand secours pour les maux d'estomac. Enfant, on vous a peut-être donné de la tisane de fenouil pour les maux d'estomac, et vous associez peut-être encore cette tisane à un effet apaisant sur la digestion. Et à juste titre ! Non seulement le fenouil fonctionne très bien pour les humains, mais aussi pour les lapins. Le goût du fenouil frais peut être trop intense pour certaines personnes, mais la plupart des lapins l'adorent. C'est un complément alimentaire idéal qui peut être proposé régulièrement. Cependant, le fenouil ne doit pas être l'aliment principal.

Fenouil

Poivrons

Les poivrons sont une véritable bombe à vitamine C ! Toutes sortes de poivrons peuvent être nourris. Vous pouvez également donner la partie blanche interne et les graines à vos animaux - même si les humains coupent généralement cette partie. Seule la partie verte des poivrons ne doit pas être offerte à vos lapins, car elle contient beaucoup de solanine. C'est un poison.

Dans des circonstances normales, les rongeurs ne touchent pas la tige de toute façon. Soit elle n'a pas bon goût, soit les animaux savent intuitivement que la tige n'est pas de la nourriture ! Par précaution, il est préférable de ne pas la proposer du tout.

Poivrons rouges et jaunes

Tomates

Toutes les variétés de tomates peuvent être données aux lapins. Dans l'idéal, cependant, vous ne devriez pas leur offrir de tomates tous les jours et n'en donner que de petites quantités, car les tomates (comme les pommes) sont assez acides. Si un lapin mange trop d'aliments acides, cela peut favoriser le grincement (infection douloureuse de la bouche). Avec grincement, vous devez éviter tous les fruits et légumes acides jusqu'à ce qu'il soit guéri - et même alors, vous ne devez proposer ces aliments qu'avec modération.

Vous devez également enlever les tiges vertes des tomates avant de les nourrir, car elles contiennent beaucoup de solanine (semblable à la tige verte des poivrons) et sont donc toxiques. Si vous gardez cela à l'esprit, il ne devrait pas y avoir de problèmes et vous pouvez offrir des tomates à vos animaux de temps en temps.

Tomates

Carottes

Les carottes sont considérées comme LA nourriture pour les lapins. Pourquoi ? Parce que Bugs Bunny mâche tout le temps une carotte ? Eh bien, les carottes sont bien de temps en temps, mais elles ne doivent pas constituer l'aliment principal ! Comme nous le savons maintenant, les lapins se nourrissent principalement d'aliments feuillus et très riches en fibres. La carotte est un légume tubéreux et, contrairement aux herbes, feuilles, aromates, etc., elle a une densité énergétique assez élevée, ce qui signifie beaucoup de calories. Les carottes ne doivent donc être proposées qu'en accompagnement.

Avez-vous déjà vu vos animaux grignoter des petits morceaux de carotte et les recracher immédiatement ? Un nombre relativement important d'animaux le font. La raison en est très simple : parfois, la peau de la carotte n'a pas bon goût, et elle est grignotée et "jetée" pour atteindre le noyau plus sucré de la carotte ! Un tel comportement n'est donc pas préoccupant.

Concombre

Le concombre est un excellent rafraîchissement, surtout en été, et un excellent fournisseur d'eau lorsque les lapins ont un besoin accru d'eau. Comme le concombre est presque exclusivement constitué d'eau et ne fournit pratiquement pas de nutriments, il ne doit pas être nourri en trop grande quantité et ne doit pas être l'un des principaux aliments.

Il n'est pas rare que les lapins n'aiment que la peau du concombre et le mâchent tout autour. La partie intérieure du concombre est alors laissée en place. C'est un gaspillage de nourriture, mais c'est un comportement tout à fait normal. Surtout pour les concombres, il faut s'assurer qu'ils sont de qualité biologique, car la peau contient très souvent des pesticides.

Comme nous l'avons déjà dit, le concombre peut être un excellent moyen de se rafraîchir en été. Pour offrir à vos lapins un peu de plaisir en même temps, vous pouvez couper le concombre en tranches et les mettre ensuite dans un bain d'eau peu profonde.

Les animaux peuvent alors pêcher les tranches de concombre dans ce bain d'eau. Cela permet de rafraîchir l'intérieur et l'extérieur et de s'amuser un peu. La forte teneur en eau de ce légume empêche la déshydratation de vos lapins pendant les chauds mois d'été !

Concombre

Les légumes suivants ne conviennent pas à l'alimentation des lapins :

- Avocats (est en fait une baie ; peut-être toxique et beaucoup trop gras)

- Champignons (ne sont pas à proprement parler des légumes)

- Piment (trop épicé)

- Pommes de terre

- Raifort (trop épicé)

- Les olives (surtout pas celles marinés !)

- Radis (trop épicés)

- Rhubarbe

- Oignons (trop épicés)

Gâteries

Bien sûr, nous devons nourrir nos lapins de manière saine et adaptée à leur espèce. Ils reçoivent beaucoup de foin, d'herbes sauvages, d'herbes, de feuilles, de brindilles, de légumes à feuilles, de choux, de laitues amères ... Mais qui d'entre vous grignote quelques friandises de temps en temps ? Vous vous offrez une barre de chocolat, un bol de chips, quelques biscuits. C'est pourquoi vous pouvez faire plaisir à vos lapins de temps en temps ! Aucun lapin ne tombera malade s'il reçoit une friandise de temps en temps - et il faut aussi s'occuper de sa santé mentale.

Cependant, vous devez vous assurer que les gâteries sont aussi saines et naturelles que possible. Les gouttes de yaourt, par exemple, n'ont pas leur place dans le ventre d'un lapin. Les flocons de pois et les graines de tournesol sont des en-cas très sains et très savoureux !

Les graines de tournesol sont un aliment complet, car elles sont présentes sous leur forme originale dans la nature et ne sont pas transformées industriellement. Elles fournissent à vos lapins beaucoup de vitamines E, B1, B3, B6, de zinc, de fer et de magnésium. Bien que les lapins soient des mangeurs de feuilles et non de graines, les graines sont idéales comme friandise. Ils sont également efficaces contre la peau sèche et la maintiennent souple.

Cependant, il faut également noter que les graines de tournesol sont très riches en graisses et peuvent donc entraîner un surpoids si elles sont consommées en excès. Il ne faut jamais offrir de friandises dans un bol, car les lapins en mangeraient probablement trop. Une friandise doit rester quelque chose de spécial et ne doit donc être mangée que de la main !

La nourriture de la main peut renforcer le lien entre vous et vos lapins et peut également favoriser la communication. Par exemple, vous pouvez apprendre à vos lapins des petits trucs pour vous montrer quand ils veulent une friandise.

Par exemple, tenez une graine de tournesol au-dessus de la tête ou du nez de votre animal de compagnie de sorte qu'il doive se tenir sur ses pattes arrière pour recevoir la friandise. Vous pouvez aussi déplacer lentement votre main autour de l'animal pour qu'il tourne sur son propre axe afin d'obtenir la friandise. Au bout d'un moment, votre lapin se souviendra de ce qu'il doit faire pour obtenir la friandise. Puis il viendra vers vous, se retournera ou se tiendra sur ses pattes arrière - et vous demandera une petite friandise.

Outre les graines de tournesol, les flocons de pois sont également très appréciés des lapins ! Ces flocons sont fabriqués à partir de pois secs à 100 %, qui sont pressés en flocons après le séchage. Aucun additif malsain n'est ajouté.

Bien que les petits pois ne soient pas un aliment malsain, il faut se rappeler que les lapins à l'état sauvage se nourrissent naturellement d'aliments extrêmement aqueux. Ceux-ci fournissent peu de calories. Cela signifie que les flocons de pois sont une sorte de bombe calorique pour les lapins - pour cette raison, ils ne doivent bien sûr être proposés qu'avec modération et ne doivent être nourris qu'à la main, afin que cette friandise reste quelque chose de spécial pour le lapin.

Les flocons de pois sont aux lapins ce que le chocolat et les chips sont aux humains. Par rapport aux aliments verts frais, les flocons de pois sont riches en calories, mais ils fournissent en même temps des minéraux et des vitamines précieux (fer, zinc, calcium, acide folique, magnésium, vitamines K, E, C et A ainsi que les vitamines B).

En outre, vous pouvez également offrir à vos lapins les friandises suivantes :

- Morceaux de pomme

- Morceaux de banane

- Myrtilles

- Mûres

- Framboises

- Canneberges

- Raisins

- Graines de potiron

- Graine de lin

Pellets et fourrage (de céréales) séché

Parlons maintenant de l'erreur la plus courante commise dans le soin des lapins : Donner des granulés et/ou de la nourriture sèche (à base de céréales). Ne vous blâmez pas si vous avez également donné de la nourriture sèche à vos lapins. Malheureusement, ce type d'alimentation est encore souvent recommandé de nos jours, surtout dans les guides et les animaleries de qualité inférieure.

Malheureusement, ce type de nourriture n'est pas approprié pour l'espèce et provoque très souvent de nombreuses maladies. Il arrive souvent que le tube digestif soit malade et que des problèmes dentaires surviennent, car la mastication n'est pas suffisante pour l'abrasion nécessaire des dents.

On pourrait supposer que les granulés durs et autres aliments secs durs sont bien adaptés à l'abrasion des dents, mais c'est une erreur. C'est le contraire qui est vrai. Les aliments secs se ramollissent rapidement au contact de la salive et n'ont pas besoin d'être mastiqués longtemps et correctement. L'herbe, le foin et les autres aliments crus riches en fibres doivent être mastiqués très soigneusement et longtemps, ce qui est essentiel pour une dentition intacte et saine. Les dents ne frottent pas en premier lieu contre les aliments, mais les unes contre les autres ! En raison du broyage et de l'écrasement intensifs et constants, les dents de la dentition supérieure frottent constamment contre les dents de la dentition inférieure et vice versa. De cette façon, les dents sont bien et uniformément "limées" !

De plus, les aliments secs industriels gonflent beaucoup. Cela n'est pas du tout bon pour la digestion du lapin, notamment parce que le lapin est rassasié pendant longtemps et qu'il mange moins de fourrage vert que dans des circonstances normales. Malheureusement, les problèmes dentaires et/ou digestifs causés par le fourrage industriel séché sont aussi la raison pour laquelle tant de lapins meurent prématurément.

Nos lapins domestiques ont toujours le même système digestif que les lapins sauvages. Les lapins sauvages ne mangent naturellement pas de nourriture sèche, mais se nourrissent de plantes vertes poussant dans la nature. Nous avons déjà abordé ce sujet auparavant. C'est pourquoi le régime alimentaire de vos lapins doit être basé sur la nourriture qu'ils trouveraient et mangeraient dans la nature.

Même si le corps du lapin peut traiter ce type d'aliments transformés/industriels, cela ne signifie pas qu'il doit le faire. Les lapins ne sont pas physiologiquement conçus pour cela.

On peut comparer cela à la nutrition humaine : alors qu'un lapin est physiologiquement un herbivore, un être humain est physiologiquement un frugivore. Le régime naturel de l'homme est basé sur les fruits, les noix, les légumes, les aliments complets, les légumineuses et autres. Afin de déterminer la forme naturelle de nutrition d'un être vivant, on considère en particulier la dentition et le tube digestif. L'utilisation de certains ingrédients est également incluse dans la définition - alors que le cholestérol contenu dans la viande, par exemple, est nocif pour l'homme, il n'a aucun effet négatif sur les lions et les chats, par exemple, qui sont carnivores d'un point de vue physiologique.

La base du régime herbivore est constituée par les feuilles, les herbes, les herbes sauvages, les légumes à feuilles et autres. Cependant, si un lapin est nourri avec un régime différent, le risque de maladie et de mortalité augmente. Cela s'applique de la même manière à tous les êtres vivants.

Si vous regardez la liste des ingrédients de certains fabricants de produits alimentaires, vous pouvez être choqué. Très souvent, le premier ingrédient est "grain/céréale" (cela comprend par exemple l'avoine, l'orge, le maïs, le blé). Rien de tout cela n'a sa place dans le petit ventre du lapin et vous devriez absolument éviter ce type de nourriture !

Mais les autres ingrédients sont également une source d'inquiétude. La plupart des "sous-produits végétaux" sont répertoriés. Cela peut signifier tout et rien. "Sous-produits" est simplement un euphémisme pour "déchets". Et ce n'est pas une blague.

L'industrie considère ces sous-produits comme des déchets qui doivent être éliminés ou qui peuvent être "recyclés" pour générer des profits supplémentaires. Ils sont donc simplement mélangés à la nourriture des lapins.

De plus, le fourrage séché industriel contient souvent des "huiles et des graisses". Vous savez que les lapins se nourrissent de plantes vertes - il n'y a pas d'huile ou de graisse digne de mention dans ces plantes.

Le point culminant est qu'il n'est même pas précisé que des graisses végétales doivent être utilisées. Les fabricants sont même autorisés à mélanger des graisses animales et à transformer ainsi vos lapins en carnivores!

Il faut également mentionner que vos lapins ne boiront probablement que très peu d'eau s'ils sont nourris selon un régime alimentaire adapté à leur espèce. Si les animaux se nourrissent de plantes vertes, ils absorbent généralement déjà beaucoup d'eau par le biais de leur nourriture. La soif est très rare avec un régime alimentaire adapté à l'espèce.

Si vos lapins reçoivent de la nourriture sèche, ils devront boire beaucoup plus pour éviter la déshydratation. Néanmoins, vous devez toujours offrir de l'eau fraîche à vos lapins, surtout pendant les chaudes journées d'été, même s'ils sont nourris correctement.

Première alimentation et changement de régime
alimentaire

Veuillez noter que chaque nouvel aliment doit être
nourri lentement au début. Ceci est particulièrement
vrai si vos lapins ont été nourris avec des aliments secs
jusqu'à présent ; cependant, même les animaux qui ont
déjà été nourris correctement doivent s'habituer
lentement à de nouveaux légumes, de nouveaux types
de feuilles, de nouvelles herbes sauvages, etc. Vous
devez toujours surveiller de près vos lapins pour voir
si l'habituation se fait au bon rythme.

En outre, les pellets et autres aliments secs ne devraient pas être rayés de la liste du jour au lendemain, car cela reviendrait à changer trop rapidement. Administrez moins de nourriture sèche à vos animaux au jour le jour, jusqu'à ce qu'après une ou deux semaines, vous n'en proposiez plus. Cela ne s'applique pas au foin, bien sûr, car il faut toujours donner du foin au moins comme option supplémentaire aux légumes verts frais.

Lorsque vous proposez un nouvel aliment pour la première fois, vous devez commencer par de petites quantités. Donnez d'abord à vos lapins un morceau d'un nouveau légume de la taille d'un ongle, une feuille d'une nouvelle espèce d'arbre, quelques tiges d'herbe, etc. - afin que la digestion sensible du lapin puisse s'habituer à la nouvelle nourriture. Sinon, des problèmes digestifs pourraient survenir. Le corps humain est beaucoup plus robuste que le petit corps du lapin. Alors que l'homme peut s'adapter à presque tous les nouveaux aliments immédiatement, le lapin doit d'abord s'habituer à la nouvelle nourriture.

Selon le lapin, cela peut prendre un certain temps et c'est parfaitement normal. En outre, tous les lapins ne sont pas identiques : certains sont plus sensibles, d'autres prennent leur temps. C'est aussi parfaitement normal.

Ces aspects sont également importants à l'approche de l'hiver. Pendant la saison froide, soit vous ne trouvez pas d'herbe, de plantes sauvages ou d'autres feuilles à l'extérieur - ou du moins vous n'en trouverez pas autant que pendant les saisons plus chaudes. Certaines herbes sont généralement persistantes, même en hiver. Il s'agit notamment du pissenlit, des marguerites et du plantain. On trouve également de l'herbe dans de nombreuses régions. Si vous en avez l'occasion, vous devriez donc nourrir vos lapins avec de petites quantités de plantes de la nature, même en hiver, afin qu'ils ne se sèvrent pas complètement.

Si vous n'avez pas accès à des plantes dans la nature pendant la saison froide, c'est très bien. Vous pouvez passer l'hiver avec du chou, des laitues amères, des feuilles et d'autres légumes. Cependant, n'oubliez pas de commencer à nourrir toutes les plantes sauvages, les feuilles d'arbres et les herbes "lentement" au printemps, car la digestion du lapin aura probablement "oublié" ces aliments et devra s'habituer à nouveau au changement de régime.

Note de l'auteur

J'espère vivement que les conseils et explications de ce guide vous ont été utiles. Les lapins sont des créatures extrêmement spéciales, très différentes de l'espèce "humaine". Il est donc important de connaître les besoins de nos lapins afin de pouvoir y répondre de la meilleure façon possible et de les rendre heureux tout autour de nous !

Si vous avez d'autres questions ou préoccupations, n'hésitez pas à me contacter par e-mail. Vous trouverez mon adresse électronique dans la notice légale suivante. Je suis toujours heureux de vous aider !

Enfin, cher lecteur : les critiques de produits sont la base du succès des auteurs indépendants. C'est pourquoi je vous serais très reconnaissant de me faire part de vos commentaires sur ce guide sous la forme d'une critique. Veuillez me faire savoir dans votre critique comment vous avez aimé le livre. Si vous n'avez pas le temps de fournir une critique, vous pouvez aussi vous contenter de décerner des étoiles sans rédiger de déclaration écrite. Quelques mots suffiraient, bien sûr. Mais peu importe que ce soit long ou court : avec votre opinion ou votre classement par étoiles, vous aidez les futurs lecteurs aussi bien que moi en tant qu'auteur ! Merci beaucoup.

Je vous souhaite (ainsi qu'à vos lapins) beaucoup de plaisir à explorer les différentes options alimentaires. Restez heureux et en bonne santé - et profitez du temps que vous passez ensemble !

L'empreinte

Titre du livre : Bunny Tummy – Régime alimentaire approprié pour les lapins – Un guide sur l'alimentation appropriée pour les lapins et sur la manière de réduire vos coûts

Auteur : Alina Daria Djavidrad

Contact : Wiesenstr. 6, 45964 Gladbeck, Allemagne

Courrier électronique : info@simple-logic.net

Site web : https://www.simple-logic.net

2020 Alina Daria Djavidrad

1ère édition (2020)

Printed in France by Amazon
Brétigny-sur-Orge, FR

20233773R00067